# L'HUITRE
## ET
## *LES PLAIDEURS,*
### OU
### LE TRIBUNAL DE LA CHICANE.
#### OPERA-COMIQUE,

En un Acte, en Profe, mêlé de morceaux de Mufique & Vaudeville, repréfenté fur le Théâtre de la Foire Saint-Laurent en 1759 & 1761.

#### Par M. SEDAINE.

La Mufique de M. Philidor.

La Mufique, les Ariettes & le Vaudeville s'y trouvent gravés.

### A PARIS,

Chez Claude HERISSANT, Imprimeur-Libraire, rue neuve Notre-Dame, aux trois Vertus.

---

### M. DCC. LXI.
*Avec Approbation & Permiffion.*

## AVERTISSEMENT
### DE L'AUTEUR,

CEtte petite Piéce, ou plutôt cette farce a été repréfentée pour la premiere fois à la Foire Saint-Laurent de l'année 1760; propofée, faite, mife en Mufique, apprife & repréfentée en moins de dix-fept jours. Elle avoit tous les défauts d'un Ouvrage indigefte & précipité; cependant le reproche le plus unanime fut fon peu de durée. C'eft ce qui m'a excité à l'étendre en y joignant des Couplets, des Scènes & des morceaux de Mufique qui couvriffent du moins l'irrégularité de l'Ouvrage. Et de fait, un Opera-Comique qui n'eft point compofé de Scènes à tiroirs, & qui n'a ni amour, ni intrigue, ni mariage, ne peut guéres tenir fon fuccès que des charmes de la Mufique, & du mérite de l'exécution.

| PERSONNAGES. | ACTEURS. |
|---|---|
| LA JUSTICE. | M$^{lle}$ *Arnoud.* |
| ARDENVILLE *Plaideurs.* | M. *Audinot.* |
| BADAUDIN | M. *La Ruette.* |
| M. TOUSSET *Avocats.* | M$^{lle}$ *Deschamps.* |
| M. FAUSSET | M. *Bouret.* |
| UN HUISSIER. | M. *S. Aubert.* |
| UN SERGENT. | |
| UN PLAIDEUR. | |
| UNE PLAIDEUSE. | |
| UN GREFFIER. | |

*Un Cortége d'Avocats, de Procureurs, d'Huissiers & Records.*

L'HUITRE

# L'HUITRE
ET
## *LES PLAIDEURS,*
OU
## LE TRIBUNAL DE LA CHICANE,
### OPERA-COMIQUE.

*Le Théâtre représente une campagne stérile, & la mer dans le fonds une plage.*

## SCENE PREMIERE.
### ARDENVILLE, BADAUDIN.

*La toile se leve, alors commence l'Ariette. Les Plaideurs entrent sur le Theâtre, l'un par une coulisse, l'autre par celle opposée : ils se poussent pour s'empêcher de ramasser une Huitre, le Plaideur Picard la saisit.*

### DUO.

| ARDENVILLE. | BADAUDIN. |
|---|---|
| Elle est à moi. | Elle est à moi. |
| A toi. | A moi. |
| T'en as menti. | J'en ai menti ? |

A

# L'HUITRE ET LES PLAIDEURS,

Viens y.      Viens y.
Moi, je la tiens.      Je fuis le premier qui l'aye vuë,
     Elle m'eſt due.
Sapejeu, viens, viens.      Elle m'eſt due.

---

## SCENE II.

### M. DOUCET Sergent, LES PLAIDEURS.

#### M. DOUCET.

HE! mes amis! hé! mes doux amis!

#### ARDENVILLE.

Tu ne l'auras ſurement pas.

#### BADAUDIN.

Tu ne la mangeras pas.

#### M. DOUCET.

Hé mes amis! hé mes doux amis!

#### ARDENVILLE.

Tenez, jugez-nous.

#### BADAUDIN.

Oui, jugez-nous; je l'ai vuë le premier.

#### ARDENVILLE.

Et moi je la tiens.

#### BADAUDIN.

Allons, jugez-nous.

### ARDENVILLE.
Jugez-nous.

### M. DOUCET.
Ha! si je sçavois juger, que je vous jugerois bien volontiers, quand je devrois vous aider à plaider: voyez-vous.

### ARDENVILLE.
Comment, vous ne pouvez pas?

### BADAUDIN.
Comment, vous n'auriez pas assez de bon sens?

### M. DOUCET.
#### ARIETTE.
Ha, Messieurs, je le voudrois ben!
Mais votre serviteur n'est ren,
Rien qu'un support de la Justice;
Et très-fort à votre service,
Et par état fort obligeant,
Vous sçaurez que je suis Sergent.

### BADAUDIN.
O voilà bien des raisons! rends-la moi, ou..

### ARDENVILLE.
N'approche pas, ou je te casse le visage avec: elle est dure, belle taille, comme tu vois.

### BADAUDIN.
Toi!

### ARDENVILLE,
Moi.

### BADAUDIN.
Je n'en aurai, morbleu, pas le démenti.

6 *L'HUITRE ET LES PLAIDEURS;*

### ARDENVILLE.

Ni moi non plus... Parce que tu as un bâton?

### BADAUDIN.

Tiens, le voilà par terre *.. Rangez-vous.

     \* *Ils jettent l'un & l'autre*
      *leur bagage par terre.*

### ARDENVILLE.

Morbleu, rangez-vous.

### M. DOUCET.

Ah! mes doux amis! à votre aife; je n'empêche rien pour la Juftice, cela pourroit faire un bon procès criminel.

---

## SCENE III.

### LES ACTEURS PRECEDENS, DES RECORDS.

### LES RECORDS.

Place, place à la Juftice.

### M. DOUCET.

Place, place à la Juftice. Ah, mes doux amis! la belle occafion pour plaider.

### BADAUDIN.

Veux-tu t'en rapporter?

OPERA-COMIQUE.

ARDENVILLE.

Oui.

BADAUDIN.

Soit. Je l'ai vue.

ARDENVILLE.

Et moi, je la tiens.

BADAUDIN.

Nous verrons.

ARDENVILLE.

Allons, allons.

---

## SCENE IV.

LES ACTEURS PRE'CE'DENS, LA JUSTICE, SON CORTE'GE D'AVOCATS, DE PROCUREURS, D'HUISSIERS, UN PLAIDEUR ET UNE PLAIDEUSE *pauvres & en mauvais ordre.*

M. DOUCET *aux deux Plaideurs.*

Attendez : rangez-vous.

LE PLAIDEUR ET LA PLAIDEUSE.

Oh, dame, Justice !   Oh, dame, Justice !

« *L'HUITRE ET LES PLAIDEURS;*

## LA JUSTICE.

Avez-vous des Avocats ?

## LE PLAIDEUR.

Non.

## LA JUSTICE.

Les Procureurs sont-ils en état ?

## LA PLAIDEUSE.

Non.

## LE PLAIDEUR.

Hé, bon Dieu ! je sçais mon affaire.

## LA PLAIDEUSE.

Et moi aussi.

## LA JUSTICE.

Cela ne suffit pas. Il faut payer des gens qui la sçachent aussi.

## LA PLAIDEUSE.

Oh ! dame Justice. Je suis pauvre, & ma Partie est un homme riche.

## LE PLAIDEUR.

La mienne, un homme puissant.

M. DOUCET à *Ardenville & à Badaudin.*

Ils vont être bien-tôt expédiés.

## LA JUSTICE.

Allons, retirez-vous, retirez-vous, retirez-vous.

DES RECORDS (*repouſſant le Plaideur & la Plaideuſe.*)

Allons, allons, ſortez, ſortez.

### M. DOUCET.

Oh! dame Juſtice! oh! ma toute bonne!

### LA JUSTICE.

Que voulez-vous?

### DOUCET.

Plaiſe à votre grandeur décider une petite affaire entre ces deux honnêtes gens, à l'amiable.

### LA JUSTICE.

A l'amiable, ſoit: qu'ils cottent des Procureurs & nomment des Avocats.

### BADAUDIN, *à part.*

Des Procureurs, à l'amiable!

### LA JUSTICE.

Et cependant qu'on dreſſe ici mon tribunal. Sont-ce là ces bonnes gens?

### ARDENVILLE.

Oui, nous voudrions.

### BADAUDIN.

Ça va être fait ſur le champ, c'eſt pour..

### LA JUSTICE.

Paix, bonnes gens: avertiſſez vos Avocats. Je vais préſider à un traité; je n'ai beſoin que d'y paroître, & je reviens.

## SCENE V.

### ARDENVILLE, BADAUDIN.

*Pendant cette Scène, & la suivante, Doucet se joint aux autres Huissiers & Records qui dressent le tribunal avec des paravents. Le tribunal est composé de gros livres, de liasses de procès. Les accoudoirs du tribunal sont des sacs de parchemin, deux siéges aux deux côtés.*

#### BADAUDIN.
*Air: Ton, ton, ti, ton.*

HE! quoi, morbleu, faut-il tant de façons?
Laissez-la moi.

#### ARDENVILLE.
Moi.

#### BADAUDIN.
Oui, toi.

#### ARDENVILLE.
Ah, que non.

#### BADAUDIN.
Ce n'est pas toi sans doute qui l'auras.

#### ARDENVILLE.

### ARDENVILLE.
Ah! si t'en tâtes, si t'en goûtes, si t'en as!

### BADAUDIN.
Mais je l'ai vue.

### ARDENVILLE.
Et tu ne la tiens pas.

---

## SCENE VI.

### ARDENVILLE, BADAUDIN, M. TOUSSET, M. FAUSSET.

### M. TOUSSET.
HE bien, mes enfans, qu'est-ce?

### M. FAUSSET.
De quoi s'agit-il? On dit que vous avez des affaires. C'est bien, c'est bien. Il faut voir ça. Contez-nous, contez-nous ça. On dit que c'est pour des huitres.

### M. TOUSSET.
Pour une huitre, mon confrere; ne changeons rien à la question.

### ARDENVILLE.
Oui, Messieurs.

### BADAUDIN.
Oui, Messieurs.... mais vous pouvez nous suffire.

B

##### M. TOUSSET.

Oh ! nous ne suffisons pas... Et vous dites que c'est pour une huitre.

##### M. FAUSSET.

Oui, une huitre. C'est bien, c'est bien, c'est bien.

##### ARDENVILLE.

Je passois.

##### BADAUDIN.

J'allois.

##### M. TOUSSET.

Cela suffit.

##### ARDENVILLE.

Cela suffit ! Mais, vous ne sçavez pas.

##### M. FAUSSET.

Oh ! que si : nous entendons bien ; il faut être bien bouché pour ne pas sçavoir ce que c'est qu'une huitre.

##### ARDENVILLE.

C'est vrai : mais vous ne comprenez pas comment....

##### BADAUDIN.

Mais vous ne sçavez pas pourquoi...

##### M. FAUSSET.

Une huitre. N'est-ce pas ?

##### ARDENVILLE.

Oui, mais...

##### BADAUDIN.

Mais vous n'entendez pas.

M. TOUSSET.

Nous n'entendons pas !

M. FAUSSET.

C'est vous autres qui n'entendez pas votre affaire. Laissez-nous faire. C'est bien, c'est bien.

ARDENVILLE.

Mais...

BADAUDIN.

Mais, enfin....

M. TOUSSET.

La consommation que nous avons.*

\* Il tousse.

M. FAUSSET.

La grande habitude que nous avons acquise, & dans les Ecoles, & par la pratique, & par l'expérience, & par la théorie.. Oh ! s'il falloit écouter tout, nous n'aurions pas le temps de nous faire entendre. Une huitre. N'est-ce pas ?

ARDENVILLE.

Oui.

M. TOUSSET.

Bon.

ARDENVILLE.

Que j'ai moi....

M. TOUSSET.

Cela suffit, vous dis je. Eh ! bon Dieu, croyez-vous...

M. FAUSSET.

N'est-ce pas là cette huitre ?

## BADAUDIN.

Oui, Monsieur.

## M. TOUSSET.

Elle est belle. Elle est belle.

## M. FAUSSET.

Oui, elle est belle. M. Doucet, M. Doucet, venez donc, venez donc. Vous voyez que voilà une affaire, & vous êtes-là à bâiller aux corneilles. Tenez, M. Doucet, prenez cela, déposez au Greffe.

## ARDENVILLE.

Comment au Greffe !

## BADAUDIN.

Oui, sans doute, il faut la déposer.

---

# SCENE VII.

## LES ACTEURS PRECEDENS, M. DOUCET.

## DOUCET.

EH ! mes doux amis ! c'est la loi.

## ARDENVILLE.

La loi !

## BADAUDIN.

Oui, la loi.

### M. FAUSSET.

La loi, la coutume, l'usage. Ça ne ne se fait pas autrement.

### M. TOUSSET.

Oui, c'est la loi.

### ARDENVILLE.

Allons donc, la loi. *.. Je veux bien que ce soit la loi; mais enfin... Attendez donc, vous autres.

> *Les Avocats font signe aux Records d'enlever le havresac, le bâton, la cape & la gourde.*

### BADAUDIN.

Que diable faites-vous donc là ?

### M. TOUSSET.

Laissez.

### M. FAUSSET.

Laissez faire, mes amis, laissez faire.

### ARDENVILLE.

Comment, laisser ?

### M. TOUSSET.

C'est pour déposer.

### M. FAUSSET.

Oui, pour déposer.

### ARDENVILLE.

Quoi ! mon havresac ?

### BADAUDIN.

Quoi! ma cape, ma gourde?

### ARDENVILLE.

Ils ne font pas de la dispute.

### M. TOUSSET.

Je le sçais bien. Aussi ne sont-ce que des accessoires.

### BADAUDIN.

Des...

### M. FAUSSET.

Des accessoires. On vous expliquera cela.

### M. TOUSSET.

Vous l'apprendrez.

### BADAUDIN.

Mais la loi ne dit pas.

### M. TOUSSET.

Oh! si... c'est la loi.

### ARDENVILLE.

La loi!

### BADAUDIN.

La loi!

### ARDENVILLE.

Ah! je veux sçavoir ce que cela est devenu.

### M. TOUSSET.

Venez: aussi-bien j'ai besoin de vos noms & de vos qualités.

## SCENE VIII.

### BADAUDIN, M. FAUSSET.

*Je suppose toujours que la Scène change, quoique les Acteurs se retirent dans le fond. Le Plaideur & l'Avocat sont, pendant cette Scène, accoudés sur la table du Greffier qui écrit. Il faudra que le plaideur de temps en temps fasse voir des mouvemens d'impatience.*

#### BADAUDIN.

Je vais aussi.

#### M. FAUSSET.

Restez. Il y est allé. Il va revenir. Sçavez-vous que vous êtes heureux d'être tombé entre mes mains.

#### BADAUDIN.

Tout ce que je sçais, c'est que j'y suis.

#### M. FAUSSET.

##### ARIETTE.

Quand je plaide une cause,
Je cause
Des frémissemens,
Des saisissemens,
Des ravissemens.
Le moindre Auditeur,
Juge & Rapporteur,

Tout est enchanté,
Tout est transporté
Lorsque j'insinue
Le fond d'un sujet,
Sans perdre de vue
Mon premier objet.
C'est une douceur :
Je vais droit au cœur.
Mais quand, véhément,
Sublime, éloquent,
Je foudroie & étonne,
J'étonne ;
L'on frissonne :
On sent une horreur
Jusqu'à la terreur.
Quand je plaide, &c.

## SCENE IX.

### ARDENVILLE, BADAUDIN ET M. FAUSSET.

#### BADAUDIN.

EH bien !

#### ARDENVILLE.

Eh bien, je ne peux pas tirer aucune raison; c'est toujours la loi.

#### M. FAUSSET.

Ah !.. Où étiez-vous donc ? Allons, je vais me préparer. Soyez aussi tranquille que moi.

SCENE

## SCENE X.

### M. TOUSSET, ARDENVILLE.

#### M. TOUSSET.

Vous voilà en régle.

#### ARDENVILLE.

Hé! avions-nous besoin d'y être?

#### M. TOUSSET.

Oui. Et, à propos, où sont vos témoins?

#### ARDENVILLE.

Des témoins! nous n'en avons pas.

#### M. TOUSSET.

Comment! vous n'avez point de témoins?

#### ARDENVILLE.

Non, nous étions seuls.

#### M. TOUSSET.

Point de témoins; point de témoins. Mais si vous voulez, nous en ferons venir de Valognes.

#### ARDENVILLE, à part.

Hé! pourquoi donc faire ces témoins?

#### M. TOUSSET.

Pourquoi? Ah! ah! Pourquoi. Des témoins aménent des productions, des consultations, des informations, des confrontations, des perquisitions, des récusations. Alors un procès fermente, s'éléve, s'arrondit, prend une belle forme judiciaire, & cela fait honneur.

### ARDENVILLE.

Diable soit de l'Avocat.

### M. TOUSSET.

C'est de mon Confrere dont vous parlez ? Vous avez raison. Avez-vous entendu ce qu'il disoit pendant que nous étions au Greffe ?

### ARDENVILLE.

Non.

### M. TOUSSET.

Moi, j'ai une oreille aux champs, & l'autre à la ville.

### ARDENVILLE.

Plût au ciel qu'elles y fussent toutes deux !

### M. TOUSSET.

Vous avez raison. Ecoutez-moi. Vous êtes un peu vif vous. Il semble que tout soit perdu. Croyez que quand je.... & que pour peu que... je... (*Il tousse.*)

#### ARIETTE.

*Je ne dis mot de mon mérite,*
*Mais mon Confrere n'est qu'un sot.*
*Laissez, laissez, c'est ma pituite.*

*A l'entendre, il est un Coclin ;*
*Il vaut Barthole & Dumoulin ;*
*Mais à peine a-t-il lu Cujas.*

Vous ne me croyez pas :
Je vous le dis tout bas,
Le meilleur de nos Avocats
Ne me vaut pas.

Je ne dis mot, &c.

## SCENE XI.
## LES AVOCATS, LES DEUX PLAIDEURS.

### M. FAUSSET.
Mon Confrere, allons nous préparer.

### M. TOUSSET.
Soyez en repos. Je ne crains rien.

### M. FAUSSET.
Soyez aussi tranquille que moi.

### ARDENVILLE.
Il ne craint rien.

### BADAUDIN.
Aussi tranquille que lui.

## SCENE XII.

### BADAUDIN, ARDENVILLE.

#### ARDENVILLE, à part.

Diable, ceci m'inquiette.

#### BADAUDIN, à part.

Je ferois déja bien loin.

#### ARDENVILLE.

Il y a trois lieues d'ici à la couchée.

#### BADAUDIN.

Camarade.

#### ARDENVILLE.

Quoi !

#### BADAUDIN.

Je crains que nous ne foyons mauvais marchands de tout ceci.

#### ARDENVILLE.

Et moi auffi. Il ne fçait pas un mot de notre affaire : avec fa confommation.

#### BADAUDIN.

Nous fommes ici en baffe-Normandie.

#### ARDENVILLE.

A deux lieues d'Honfleur.

OPERA-COMIQUE.

BADAUDIN.

Ma foi, vous emporterez l'huitre, si vous voulez. Je vous la donne, jusqu'aux perles qui sont dedans.

ARDENVILLE.

Et moi aussi.

BADAUDIN.

Monsieur, Monsieur.

ARDENVILLE.

Ecoutez donc.

## SCENE XIII.

### ARDENVILLE, BADAUDIN, M. TOUSSET.

ARDENVILLE.

Nous sommes d'accord.

BADAUDIN.

Gardez l'huitre.

M. TOUSSET.

Vous êtes d'accord ?

ARDENVILLE.

Oui.

BADAUDIN.

Oui, Monsieur.

### M. TOUSSET.

Je vous en félicite... Quoi! déja?

### ARDENVILLE.

Oui.

### M. TOUSSET.

Hé! de quel pays êtes-vous donc?

### ARDENVILLE.

Picard.

### M. TOUSSET.

Ah! Picard.

(*Air nouveau.*)

La Picardie est un terrein ingrat
Pour la sçavante plaidoirie.
Un bon Picard se fâche avec éclat,
Puis il s'appaise & se réconcilie;
Mais pour produire un chichaneur profond,
Qui, d'une affaire bien ourdie,
Sçache conduire & la forme & le fond,
Parlez-moi de la Normandie.

Vous êtes Picard aussi, sans doute?

### BADAUDIN.

Non; Parisien.

### M. TOUSSET.

Ah! Parisien.

(*Même air.*)

L'air de Paris donne à ses habitans
Une tant douce courtoisie:
Ils sont si francs, si doux, si bonnes gens;
L'honneur chez eux a droit de bourgeoisie:
Mais pour produire, &c.

## OPERA-COMIQUE.

#### BADAUDIN.

Tout ce que vous dites-là, est vrai ; mais nous sommes d'accord.

#### M. TOUSSET.

Vous n'avez pas consulté votre femme, peut-être ?

#### ARDENVILLE.

Oh ! nous n'avons que faire de vos mauvaises plaisanteries. Allons, finissons.

#### M. TOUSSET.

Soit. Bon voyage.

#### BADAUDIN.

Rendez-nous.

#### M. TOUSSET.

Quoi ?

#### ARDENVILLE.

Mon havresac.

#### M. TOUSSET.

Votre ?

#### BADAUDIN.

Ma gourde, ma cape, mon bâton.

#### M. TOUSSET.

Je n'entends pas ce que vous voulez dire.

#### ARDENVILLE.

Notre bagage que vos gens ont emporté.

#### M. TOUSSET.

Cela ne se peut pas.

## L'HUITRE ET LES PLAIDEURS,

#### ARDENVILLE.

Cela ne se peut qu'ils l'ayent emporté!

#### M. TOUSSET.

Je ne vous dis pas cela. Eh! mes enfans, point de vivacité. Que demandez-vous?

#### BADAUDIN.

Notre bagage.

#### M. TOUSSET.

Ah! j'entends. Hé bien! je vous l'ai dit, que cela ne se pouvoit pas, que cela ne pouvoit pas se rendre. Etre rendu. Cela s'entend, je crois.

#### ARDENVILLE.

Comment! jour non pas d'un chien!

#### M. TOUSSET.

Ah! Messieurs, j'ai cru avoir à faire à des gens polis, qui avoient de l'éducation.

#### BADAUDIN.

De l'éducation! je suis Parisien, & je m'en pique.

#### ARDENVILLE.

Il n'y a, tatidié, éducation qui tienne.

#### M. TOUSSET.

Eh! de la tranquillité, de la tranquillité.

#### ARDENVILLE.

Enfin, pourquoi?

#### M. TOUSSET.

La Justice est saisie.

#### ARDENVILLE.

### ARDENVILLE,
Comment, saisie !

### BADAUDIN.
Comment, saisie !

### M. TOUSSET.
Oui, saisie.

### ARDENVILLE.
Je me moque de la saisissure.

### BADAUDIN.
Sont-ce encore là les loix ?

### M. TOUSSET.
Oui, oui, ce sont les loix.

### ARDENVILLE.
Eh ! morbleu, ce ne sont pas-là les loix, ce sont les abus.

### M. TOUSSET.
Vous avez raison, ce sont les abus ; mais les abus sont les enfans des loix ; & quoique bâtards, ils ont la survivance.

### ARDENVILLE.
Au diable, la survivance.

### M. TOUSSET.
Ah, mes amis ! que vous êtes heureux. Voici la Justice : vous allez être débarrassés tout de suite…

### BADAUDIN.
Camarade, cela devient embarrassant.

### ARDENVILLE.

Ce qui me pique, c'est le sang froid avec lequel il nous jette dans l'embarras.

### M. TOUSSET.

Vons avez tort : c'est notre métier.

---

## SCENE XIV.

### LES ACTEURS PRECEDENS, LA JUSTICE ET SON CORTEGE.
*Elle entre au Barreau.*

### M. FAUSSET.

*Air : Volez, volez plaisirs.*

Voyez Monsieur Pantin
    Pour la panse,
    Pour la danse,
C'est un vrai lutin,
Toujours en train.
Sans cesse il batifole,
    Court & vole,
Rit de tout sans fin,
Magistrat fin,
Il est incomparable,
    Mais à table,
Dans un grand festin,

## M. TOUSSET.

Air: *Au fond de mon caveau.*

Plus massif & plus lent
Que le bœuf qui chemine,
Regardez M. Pesant,
A son geste, à sa mine,
On diroit qu'il s'en va rêvant.
Bon, ce n'est que du vent.
Sur son siége il se met,
Il s'assoupit tout net,
Opine du bonnet ;
Et de sa grave destinée
Il est content,
Et depuis soixante ans
Qu'il conclut aux dépens,
Il vient chaque jour de l'année
En faire autant.

## ARDENVILLE.

Nous allons donc être bien jugés?

## M. TOUSSET.

Oui, oui, jugez tout aussi bien ; & les opinions en vont plus vîte.

## ARDENVILLE.

Ah ! si j'avois mon havresac!...

## BADAUDIN.

Ah ! si j'avois mon équipage, comme je planterois tout ça là

## L'HUISSIER.

Paix-là : silence au Barreau.

## LA JUSTICE.

Appellez la cause.

## LE GREFFIER.

M. Tousset pour Ardenville, contre M. Fausset pour... pour... pour Michel Badaudin.

## ARDENVILLE.

Enfin, cela va finir.

## BADAUDIN.

Allons donc.. un peu de patience.

## LA JUSTICE.

Avocats, couvrez-vous.

## DUO.

| M. FAUSSET. | M. TOUSSET. |
|---|---|
| Ma Partie | De toutes les productions |
| Est avertie | Et des inglobulations |
| Que mon titre | Que le Royaume d'Amphy- |
| Est une huitre. | trite : |
| Dans Cujas | Ahi ! ahi ! ma pituite. |
| On ne voit pas | |
| Que dans le cas | |
| De l'altercas. | Votre caquet |
| Au fait, au fait. | M'empêche d'expliquer le |
| Mon caquet ? mon caquet ? | fait. |
| Vous, votre toux. | Ma toux ? ma toux ? |
| Vous d'avocasser. | Mêlez-vous de causer. |
| Vieux magot. | Petit sot. |
| Ignorant. | Insolent. |
| Avocat sans client. | Avocat sans talent. |
| Si tu ne te tais... | Tais, tais. |

## L'HUISSIER.

Paix.

## OPERA-COMIQUE.
### LA JUSTICE.
#### ARIETTE.

Cessez vos injures, cessez.
Ah! c'est assez,
Je sçais qu'il faut montrer de la chaleur
Pour faire plaisir au Plaideur.
Mais, mais cessez, c'est assez.
Redites votre affaire,
Et qu'elle soit plus claire.

 ### SEXTO.

| M. FAUSSET. | BADAUDIN. | ARDENVILLE. | M. TOUSSET. |
|---|---|---|---|
| Ma Partie | Avocat, | Que dit-il là? | De toutes les |
| Est avertie | Avocat; | Que dit-il là? | prodóctions |
| Que mon titre | Oh! ciel! eh! | Avocat, | Et des inglo- |
| est une huitre. | Ce n'est pas | Eh! morbleu, | bulations |
| Dans Cujas | cela. | Ce n'est pas | Que le royau- |
| On ne voit pas | Avocat, | cela. | me d'Am- |
| Que dans le cas | Ce n'est pas | | phytrite: |
| De l'altercas. | cela. | | Ahi! ahi! ma |
| | | | pituite. |

### LA JUSTICE *cependant dit.*

Au fait, Avocat, au fait.
Mettez les piéces sur le Bureau.

### LE GREFFIER.

Paix-là: silence au Barreau.

### L'HUISSIER.

Paix-là.

### LA JUSTICE.

Ouvrez l'huitre: voyons.

### BADAUDIN.

Celui de nous deux qui l'aura sera bien heureux.

## L'HUITRE ET LES PLAIDEURS;

### ARDENVILLE.

Parbleu, si je ne l'avois pas.

*On ouvre l'huitre avec l'epée de la Justice, & la Justice l'avale.*

### ARDENVILLE.

Air : *Non je ne ferai pas.*

Morbleu, quel jugement !

### BADAUDIN.

Il ne vaut rien qui vaille.

### LA JUSTICE.

Tenez, voilà, Plaideurs, à chacun une écaille.
Des sottises d'autrui nous vivons au Palais :
Messieurs, l'huitre étoit bonne ; allez, vivez en paix.

*Vers de Boileau.*

### ARDENVILLE.

Morbleu, j'ai envie de lui casser la tête avec.

### M. TOUSSET.

Ah ! grands Dieux !

### M. FAUSSET.

Ah ! qu'allez-vous faire ? Vous jouez à vous perdre.

## SCENE XV.

### LES DEUX PLAIDEURS, LES DEUX AVOCATS ET L'HUISSIER.

ARDENVILLE.

Comment, un jugement comme celui-là !

M. TOUSSET.

Vous n'avez pas à vous plaindre.

ARDENVILLE.

Je n'ai pas à me plaindre ?

M. FAUSSET.

Non, les dépens sont compensés.

M. DOUCET.

Voici l'expédition de l'Arrêt.

ARDENVILLE.

Va te promener avec ton expédition.

M. DOUCET.

Messieurs ?

BADAUDIN.

Eh ! mon ami, rendez-nous seulement nos affaires, & que nous nous|en allions.

M. DOUCET.

Ah ! Messieurs, je vous jure foi d'honnête

## L'HUITRE ET LES PLAIDEURS,

Normand, que c'est tout le bout du monde si cela peut payer les frais.

### BADAUDIN.

Comment, nos hardes pour les frais!

### ARDENVILLE.

Nos hardes!

### BADAUDIN.

Nos hardes!

### ARDENVILLE.

Nos hardes! comment, morbleu nos hardes pour les frais?

### M. TOUSSET à M. FAUSSET.

Restons, mon Confrere : voilà des gens qui vont se faire des affaires.

### ARDENVILLE.

Nos hardes pour les frais!

### TRIO.

| ARDENVILLE. | L'HUISSIER. | BADAUDIN. |
|---|---|---|
| Il faut assommer ce fripon. Frappons, frappons. Par ses propos, Il est la cause de nos maux. Je devrois te briser les os. Frappes toi. Non, Vas-t-en fripon. | Frappez, voilà mon dos. Ah! s'il vous duit, cassez moi les os. Vos coups me viendront à propos. J'en ai besoin, voilà mon dos. | Oui, vengeons-nous sur ce fripon. Par ses propos, par ses propos. Frappes-toi. Non, non, Vas-t-en fripon, Je devrois te briser les os. |

### BADAUDIN.

Eh! Messieurs, expliquez-nous.

### ARDENVILLE.

## OPERA-COMIQUE.

#### ARDENVILLE.
Mais, pourquoi nous prie-t-il à genoux de l'assommer?

#### M. FAUSSET.
Il a raison ; il a raison : c'est ce qu'il peut faire de mieux : oui, de mieux.

#### M. TOUSSET.
C'étoit une bonne affaire pour lui ; il vous eût fait mettre en prison.

#### M. FAUSSET.
Oui, oui : c'étoit une bonne affaire. Nous ; nous restions-là pour servir de témoins.

#### BADAUDIN.
De témoins ! ah, maudit pays !

#### ARDENVILLE.
Partons, partons, morbleu.

| M. FAUSSET. | M. TOUSSET. |
|---|---|
| Ecoutez, écoutez. | Attendez. |

---

### VAUDEVILLE.

#### M. FAUSSET, Avocat.

Ne cédez jamais.
Vive le procès !
Un vieux amour est sans attrait ;
A soixante ans il est folie.
La table énerve le génie,
Mais vive, vive le procès !
La chicane, la plaidoirie
Ont toujours de nouveaux attraits.
Hé vive, hé vive le procès !

## L'HUITRE ET LES PLAIDEURS.

**M. TOUSSET**, *Avocat.*

S'il faut à l'homme une folie,
En est-il une plus jolie
Que d'avoir quelque bon procès?
Cela tient l'esprit en arrêt,
Son intérêt
Nous désennuie.
Vive la plaidoirie !
Ne cédez jamais.

### LE PLAIDEUR *Parisien.*

Ne plaidons jamais;
Fuyons les procès.
Vive l'amour & ses attraits !
Si je veux faire une folie,
Je veux choisir la plus jolie.
Vive l'amour & ses attraits !
Il charme, il embellit la vie.
Sans lui que de tristes regrets !
Au diable, au diable les procès.

### LE PLAIDEUR *Picard.*

Ne plaidons jamais.
Vive une table bien servie !
Ah ! que le bon vin a d'attraits !
Il échauffe notre génie,
Et sa chaleur donne à la vie
Un feu qu'elle n'auroit jamais
Sans le bon vin & ses attraits.
Au diable les procès.

**FIN.**

---

*Lu & approuvé.* CREBILLON.
Vu l'approbation, permis d'imprimer, à la charge d'enregistrement à la Chambre Syndicale, ce 10 Juillet 1761. DE SARTINE.

*Registré la présente Permission sur le Registre des Permissions de la Communauté des Imprimeurs-Libraires de Paris, N° 1010, conformément aux anciens Réglemens confirmés par celui du 28 Février 1723. A Paris ce 17 Juillet 1761.*
SAVOYAIN, *Syndic.*

## AVIS.

ON trouve chez le même Libraire *le Jardinier & son Seigneur*, Opera-Comique de M. SEDAINE, avec la Musique des Ariettes, imprimée à la fin.

## CHANSONNIER FRANÇOIS.

Le neuvième Volume paroîtra le 15 Août prochain 1761.

165

www.ingramcontent.com/pod-product-compliance
Lightning Source LLC
Chambersburg PA
CBHW060512050426
42451CB00009B/941